お餅の便利帖

Omochi
no
benri-cho

飛田和緒

東京書籍

はじめに

我が家では一年中餅を欠かさず、季節を問わず餅を食べます。育った家のみなが餅好きで、年末年始のお雑煮に限らず、祖母がお餅を焼いてしょうゆをからめて海苔をぐるぐる巻きにしてくれたり、母はよくあずきや白豆を煮てはお汁粉を作ってくれました。鍋の〆にも餅の登場回数は多かったように記憶しています。

幼い頃はお腹が空いたらお餅を食べるのが普通でした。そんなことを話すと、けっこうな割合で年始くらいしかお餅を食べないという方が多く、わたしの餅好きはまあまあ少数派なのかと思っていたら、いましたいました。餅愛がすぎる方々が身近にいました。この本のスタッフは全員餅好き。各人餅への愛が止まりません。玄米餅が好き、揚げた餅が好き、ガリガリに焼く派、とろんとやわらかな餅派、焼いてふくらんだ餅をギュッとつぶして食べるのが好き……。みなさんの好みや食べ方を伺いながら、本作りがスタートしました。とにかく打ち合わせも撮影のときも餅愛が止まりません。お餅好きの口からあふれ出てくる食べ方一つ一つに感心しっぱなし。

今回初めて切り餅を蒸すことに挑戦しました。カメラマンの竹内氏から蒸す話を聞いたときは打ち合わせを早々に切り上げ、すっ飛んで帰りたい気持ちになったくらい、それはそれは魅力的な餅調理。

せいろや蒸し器を出すのを面倒に思わず作ってほしい。ほんの数分で切り餅がつきたてのお餅になるんです。せいろからお餅のいい匂いがする。そのひと手間も愛おしくなるくらい、ふわっとやわらかな蒸し餅に心奪われました。

お餅は切り餅なら一年中手に入りますし、市販のものは小袋に入っていて保存もききます。なによりお腹と相談して食べることできるのもうれしい。1個、2個と数を重ねることもできるし、1個を切れば分け合い食べることもできる。常備食材としても重宝し、腹持ちもいい。我が家では朝ごはんにも餅を食べますし、小腹が空いたら餅、子どもが小さかったときのおやつにもよく餅を食べさせました。

本書はとにかく手軽に、食材も少なくできる餅料理を紹介しています。雑煮のページでは地方の味も。その土地土地の雑煮があってこれもまた興味深い。

さあ、お餅何個食べる？

飛田和緒

□目次○

①焼き餅

ぷくーっと焼ける、お餅の香り

② からみ餅

ゆでて、蒸して、もちもち

③ 揚げ餅

カリッと、揚げたてのおいしさ

④ お正月だけではもったいない お雑煮いろいろ

⑤ 1人でも、みんなでも 鍋で餅三昧

⑥ これだけで大満足 炭水化物ONの人気者

甘いものが止まらない お汁粉

- 計量単位は、1カップ＝200mℓ、大さじ1＝15mℓ、小さじ1＝5mℓです。
- 電子レンジの加熱時間は目安です。機種によって違いがあるので加減してください。
- 塩は自然塩を使っています。
- オリーブオイルはエキストラバージンオリーブオイルを使っています。

ぷくーっと焼ける、
お餅の香り

①焼き餅

パリッと磯辺巻き

角餅1個をふくれるくらいまでこんがりと焼き、しょうゆ適量をしっかりとからめて海苔1/4枚で巻く。海苔のサイズはお好みで。しょうゆをつけながらいただく。

おかじょうゆの磯辺巻き

角餅1個をふくれるくらいまでこんがりと焼き、削り節としょうゆ各適量を合わせたものをしっかりとからめ、海苔1/4枚で巻く。

梅干しの磯辺巻き

角餅1個をふくれるくらいまでこんがりと焼き、しょうゆ適量をさっとからめる。ちぎった梅肉½個分をのせ、海苔½枚でぐるぐる巻きにする。ここでは玄米餅を使用。

梅干しをのせて、餅が見えないほど海苔で巻いて、おむすび感覚。

唐辛子みその海苔サンチュ巻き

青唐辛子の小口切り½本分、みそ小さじ2、砂糖小さじ1、しょうゆ少々を混ぜて唐辛子みそを作る。角餅2個をふくれるほどこんがりと焼き、しょうゆ適量をさっとからめる。それぞれ、サンチュ1枚に海苔¼枚を重ね、餅をのせ、唐辛子みそをぬって包む。

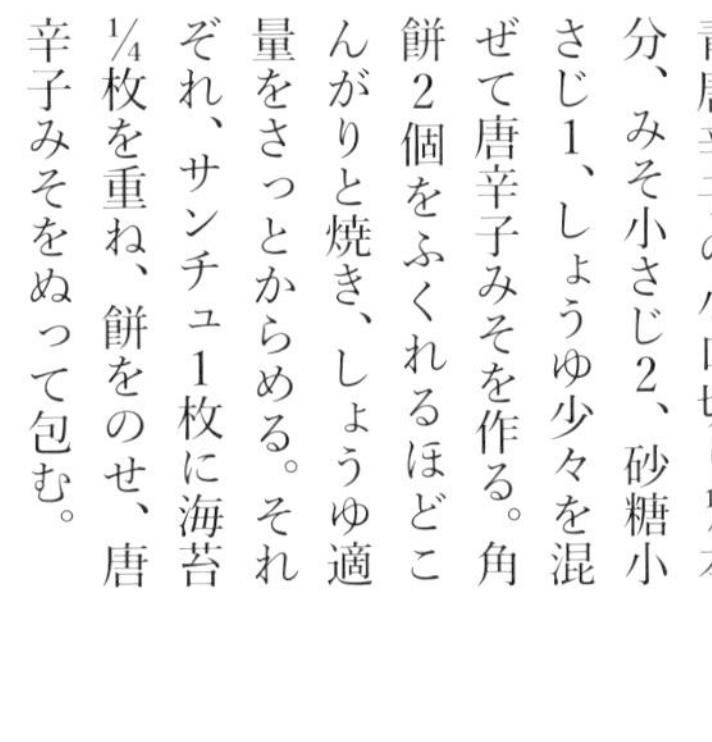

青唐辛子は種ごと使用。
海苔とサンチュのダブル
使いがおいしさの秘密。

ガーリックしょうゆの磯辺巻き

角餅1個をふくれるくらいまでこんがりと焼き、おろしにんにくとしょうゆ各適量を合わせてしっかりとからめる。海苔½枚でぐるぐる巻きにする。海苔たっぷりがおいしい！

しょうゆ＋おろしにんにくでパンチを効かせる。にんにくの量はお好みで。

韓国海苔サンド

角餅1個をふくれるほどこんがりと焼き、しょうゆ適量をからめ、白炒りごま適量をふる。韓国海苔2枚ではさむ。韓国海苔はカットされたパックのものを使用。

角餅1個をふくれるほどこんがりと焼き、しょうゆ適量をしっかりとからめる。厚切りバター1切れをのせて海苔½枚で巻く。

バターしょうゆの磯辺巻き

メープルしょうゆの焼き餅

角餅2個をふくれるほどこんがりと焼き、メープルシロップとしょうゆ各適量をしっかりとからめる。ここではよもぎ餅を使用。

砂糖しょうゆの焼き餅

角餅2個をふくれるくらいまでこんがりと焼き、しょうゆ適量をしっかりとからめ、上白糖をふる。ここでは豆餅を使用。砂糖はきび砂糖などを使っても。

きなこ砂糖の焼き餅

きなこ適量に砂糖適量を混ぜてきなこ砂糖を作る。角餅2個をふくれるくらいまでこんがりと焼く。焼き上がったらさっと水にくぐらせ、きなこ砂糖を全体にたっぷりとまぶす。

明太子のせ焼き餅

角餅1個をふくれるくらいまでこんがりと焼き、しょうゆ適量にくぐらせ、明太子の輪切り1切れをのせる。明太子は餅と一緒に焼いたものをのせてもよい。

からすみとミモレットの焼き餅

角餅1個をふくれるくらいまでこんがりと焼く。ふくれた部分を手で割って開き、からすみの薄切りとミモレットの薄切り各適量をはさむ。ここでは玄米餅を使用。

きんぴらマヨの焼き餅

角餅1個をふくれるくらいまでこんがりと焼く。しょうゆを軽くからめ、ふくらんだ部分を手で割って開き、きんぴらごぼうとマヨネーズ各適量をはさむ。

［きんぴらごぼう］
ごぼう100gは皮をこそげ、細切りにして水に5分さらし、水気をきる。ごま油小さじ2で炒め、砂糖、酒、しょうゆ各小さじ2½を加えて汁気がなくなるまでさらに炒める。

スパムのせ焼き餅

スパムは7～8ミリ厚さに切り、半分の大きさに切る。米油少々をなじませたフライパンにスパムと角餅1枚を入れ、こんがりと焼き、餅の上にスパムをのせる。

豚肉巻きの焼き餅

豚バラしゃぶしゃぶ用肉6枚を半分に切って広げ、軽く塩をふってなじませる。角餅4個を3等分に切って豚肉にのせ、端からくるくると巻く。グリルパンを弱めの中火で熱し、豚肉の巻き終わりを下にして並べ、豚肉の脂が落ちてカリッとするまで焼く。こしょう適量をふり、しょうゆを添える。

ソーセージと餅の海苔巻き

ソーセージ3本は縦半分に切り、角餅2個とともにオリーブオイル少々をなじませたフライパンでこんがりと焼き、ソーセージにはこしょう適量をふる。餅にしょうゆ適量をかけ、ソーセージをのせ、帯状に切った海苔で巻く。

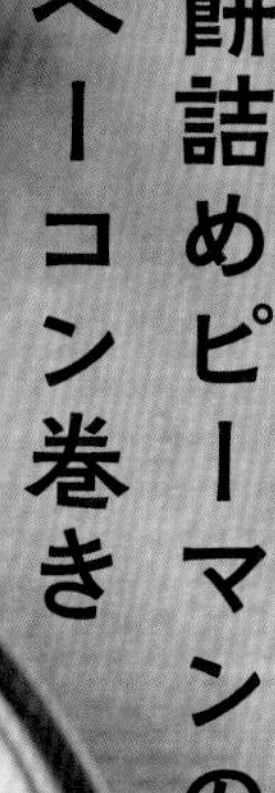

餅詰めピーマンのベーコン巻き

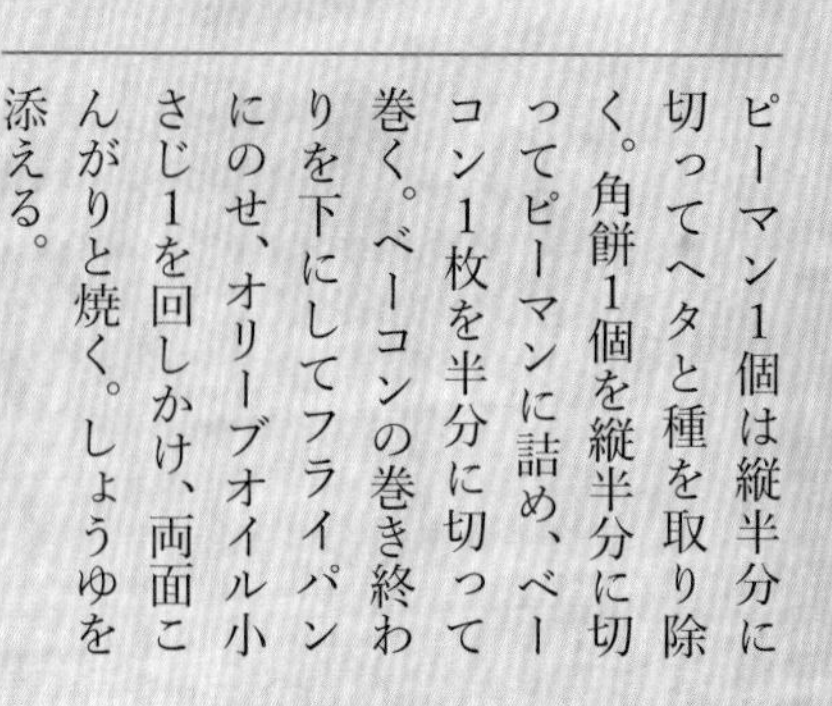

ピーマン1個は縦半分に切ってヘタと種を取り除く。角餅1個を縦半分に切ってピーマンに詰め、ベーコン1枚を半分に切って巻く。ベーコンの巻き終わりを下にしてフライパンにのせ、オリーブオイル小さじ1を回しかけ、両面こんがりと焼く。しょうゆを添える。

餅のしょうが焼き

角餅3個を半分に切り、フライパンに入れて米油少々を回しかけ、焼き色がつくまで焼く。おろししょうが$\frac{1}{2}$片分、しょうゆ、砂糖、酒各小さじ1、水大さじ1を混ぜ合わせてしょうがだれを作り、フライパンに加えてよくからめる。

餅が焼けたらしょうがだれを加え、煮立たせながら餅にからめて仕上げる。

餅とコンビーフのグラタン

角餅2個を4等分に切ってグラタン皿に入れ、コンビーフ1缶(80g)をほぐして加え、生クリーム½カップを回し入れる。溶けるチーズ100gを適当に切ってのせ、オーブントースターに入れる。餅に火が通っておいしそうな焼き色がつくまで焼く。

この状態でオーブントースターへ。オーブンで焼く場合は250°Cで15分が目安。

餅ピザ

角餅2個を3等分に薄く切り、オリーブオイルをなじませたフライパンに敷き詰める。トマトケチャップ大さじ1½をぬり、玉ねぎの薄切り⅛個分、ピーマンの輪切り½個分、トマトの輪切り½個分、マッシュルームの薄切り1個分、ベーコンの細切り1枚分、シュレッドチーズ100gをのせて中火にかける。フライパンが温まったらふたをし、弱めの中火で10分ほど焼く。餅の底面においしそうな焼き色がついたら食べ頃。

オーブントースター

タイマーでセットできるから手軽。グラタンなどに。

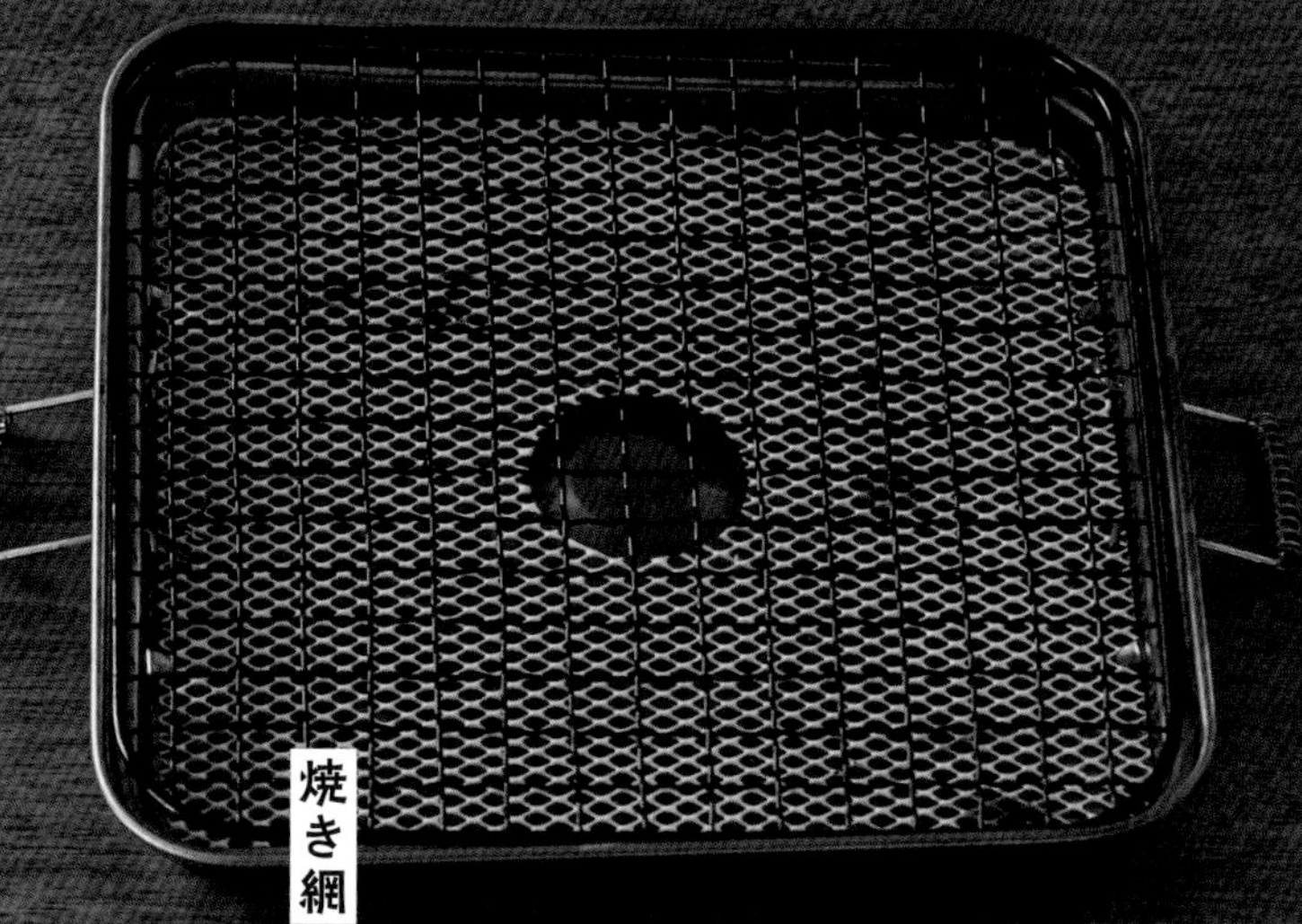

焼き網

表面がカリッと焼けて香ばしく、直火焼きならではのおいしさ。

焼く道具

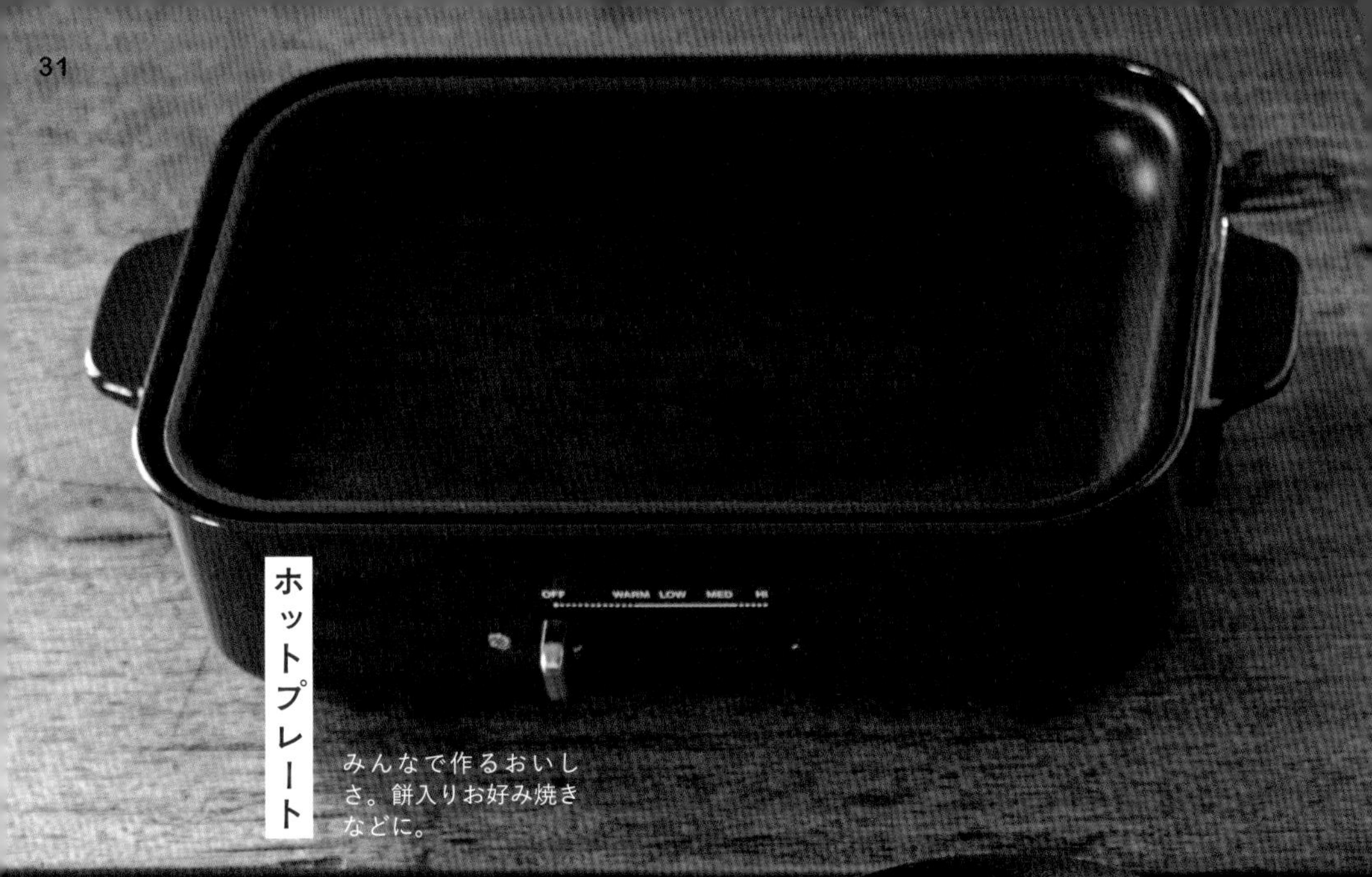

ホットプレート

みんなで作るおいしさ。餅入りお好み焼きなどに。

フライパン

ピザ風など、トッピングして焼きたいときに。

グリルパン

おいしそうな焼き目がしっかりつくのが特徴。

②

からみ餅

ゆでて、
蒸して、
もちもち

おろし餅

角餅1個を半分に切り、熱湯で5分ほどゆで、やわらかくなったら引き上げて汁気をきる。軽く水気をきった大根おろし½カップ、削り節、しょうゆ各適量をざっと混ぜ、ゆでたての餅にからめる。

ゆでて

納豆餅

角餅2個を熱湯で5分ほどゆで、やわらかくなったら引き上げて汁気をきる。ひき割り納豆1パックにしょうゆ適量を加えて混ぜ、ゆでたての餅に半量ずつからめる。

たらこソース餅

角餅1個を熱湯で5分ほどゆで、やわらかくなったら引き上げて汁気をきる。たらこ¼腹の薄皮を除き、オリーブオイル大さじ½と混ぜ合わせ、ゆでたての餅にからめる。

黒ごま餅

丸餅2個を熱湯で5分ほどゆで、やわらかくなったら引き上げて汁気をきる。黒炒りごま大さじ3をすり鉢で半ずりにし、砂糖大さじ3、しょうゆ小さじ¼で味つけし、ゆでたての餅に半量ずつからめる。

ずんだ餅

枝豆100gはやわらかめにゆでてさやから出し、薄皮をむいてすり鉢で粗くすり、砂糖小さじ1、塩二つまみを混ぜる。角餅2個を熱湯で5分ほどゆで、やわらかくなったら引き上げて汁気をきり、枝豆あんを半量ずつからめる。

あんころ餅

丸餅2個を熱湯で5分ほどゆで、やわらかくなったら引き上げて汁気をきり、粒あん（市販）80gを半量ずつからめる。粒あんがかたい場合はゆで汁少々でのばしながらからめるとよい。104ページの手作り粒あんを使っても。

ピーナッツバター餅

角餅2個を半分に切り、熱湯で5分ほどゆで、やわらかくなったら引き上げて汁気をきり、ピーナッツバター大さじ2をからめる。

シナモンシュガー餅

丸餅2個を熱湯で5分ほどゆで、やわらかくなったら引き上げて汁気をきる。シナモンパウダー小さじ1、グラニュー糖大さじ1を混ぜ、ゆでたての餅に半量ずつかける。

蒸して

ゆずこしょう餅

角餅1個をさっと水にくぐらせてオーブンシートにのせ、蒸気の上がった蒸し器に入れ、やわらかくなるまで5～10分蒸す。器やボウルに取り出してゆずこしょう適量を加え、箸でぐるぐる混ぜてからめる。海苔¼枚で包む。

やわらかくなった餅にゆずこしょうを加えて混ぜる。

餅を蒸すと、つきたてみたいにもちもちになる。

甘みそ餅

みそ、砂糖各大さじ1、みりん少々、ちぎった青じそ1枚分を混ぜて甘みそを作る。角餅2個をさっと水にくぐらせてオーブンシートにのせ、蒸気の上がった蒸し器に入れ、やわらかくなるまで5～10分蒸す。それぞれ器やボウルに取り出し、甘みそを半量ずつ加えてぐるぐる混ぜてからめる。刻み海苔少々をのせる。

イクラ餅

角餅1個をさっと水にくぐらせてオーブンシートにのせ、蒸気の上がった蒸し器に入れ、やわらかくなるまで5〜10分蒸す。器やボウルに取り出してイクラ大さじ1〜2を加え、箸でぐるぐる混ぜてからめ、海苔1/4枚にのせる。

かくや餅

たくあん、柴漬け、きゅうりの糠漬けを細かく刻み、合わせて大さじ3くらい用意する。角餅2個をさっと水にくぐらせてオーブンシートにのせ、蒸気の上がった蒸し器に入れ、やわらかくなるまで5〜10分蒸す。それぞれ器やボウルに取り出し、漬けものを半量ずつ加えて箸でぐるぐる混ぜてからめる。

ねぎ塩餅

長ねぎの粗みじん切り6センチ分、塩二つまみ、粗びき黒こしょう少々、ごま油大さじ½を混ぜて30分ほどおいて味をなじませ、ねぎ塩だれを作る。角餅2個をさっと水にくぐらせてオーブンシートにのせ、蒸気の上がった蒸し器に入れ、やわらかくなるまで5〜10分蒸す。それぞれ器やボウルに取り出し、ねぎ塩だれを半量ずつ加えて箸でぐるぐる混ぜてからめる。

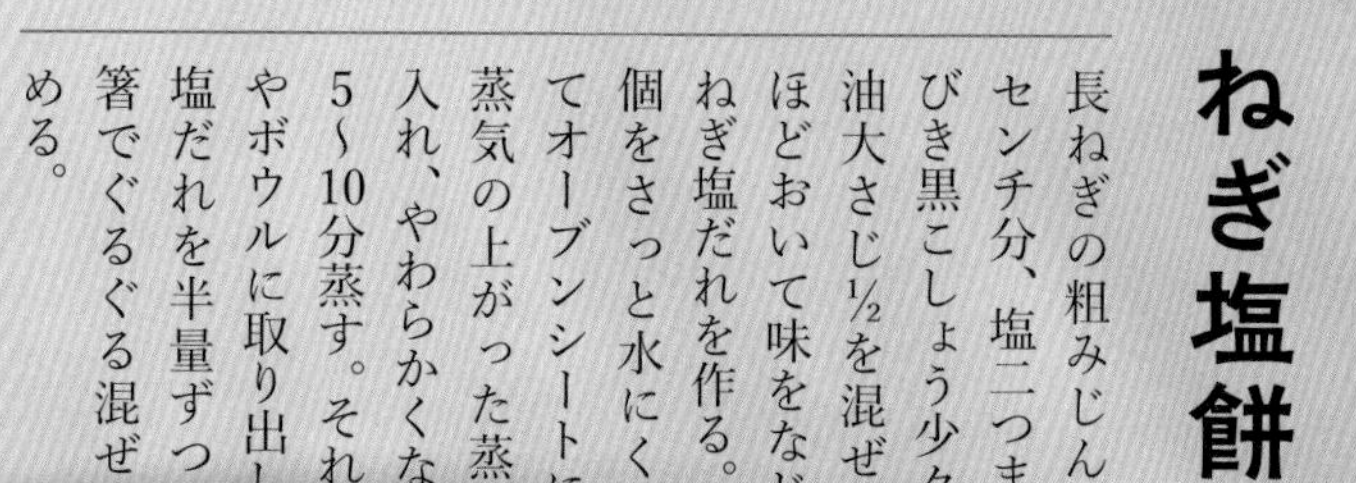

海苔のつくだ煮餅

角餅1個をさっと水にくぐらせ、オーブンシートにのせ、蒸気の上がった蒸し器に入れ、やわらかくなるまで5～10分蒸す。器やボウルに取り出し、海苔のつくだ煮適量を加えて箸でぐるぐる混ぜてからめる。

揚げ餅 ③

サクッと、
揚げたてのおいしさ

山椒塩の揚げ餅

玄米餅2個を2〜3等分に切り、170℃の揚げ油に入れ、ふくれる寸前に取り出す。油をよくきり、熱いうちに粉山椒、塩各適量をふる。

スパイス塩の揚げ餅

パプリカパウダー、クミンパウダー、コリアンダーパウダー、ターメリックパウダーを合わせて小さじ1/3くらい用意する。角餅2個を2〜3等分に切り、170℃の揚げ油に入れ、ふくれる寸前に取り出す。油をよくきり、熱いうちにスパイス、塩適量をふる。

ヤンニョム揚げ餅

にんにくのみじん切り、しょうがのみじん切り各½片分、玉ねぎのみじん切り⅛個分、コチュジャン大さじ1、砂糖小さじ½、ナンプラー小さじ1、塩一つまみを混ぜてヤンニョムを作る。角餅2個を4等分に切り、170℃の揚げ油に入れ、ふくれる寸前に取り出す。油をよくきり、熱いうちにヤンニョムとあえる。

揚げ出し餅

鍋にだし汁（好みのもの。78ページ参照）¼カップ、しょうゆ、みりん各大さじ1½、塩一つまみを入れ、一煮立ちさせて火を止める。角餅2個を170℃の揚げ油に入れ、ふくれる寸前に取り出す。ししとう2本も、ところどころ竹串で穴を開け、揚げ油で揚げる。器に盛り合わせ、水気を軽くきった大根おろし適量をのせ、おろししょうが少々、くし形に切ったすだちを添え、つゆをかける。

3色揚げ
(青海苔、紅しょうが、海苔巻き)

小麦粉大さじ4に塩一つまみ、水大さじ3強を混ぜ、3等分にし、一つには青海苔、一つには紅しょうがを混ぜ、残りはそのまま。角餅3個を3等分に切り、1個分には青海苔衣、1個分には紅しょうが衣をつけ、残り1個分には海苔を巻いてプレーン衣をつけ、170℃の揚げ油で揚げる。好みで天つゆ、しょうゆ、塩を添える。

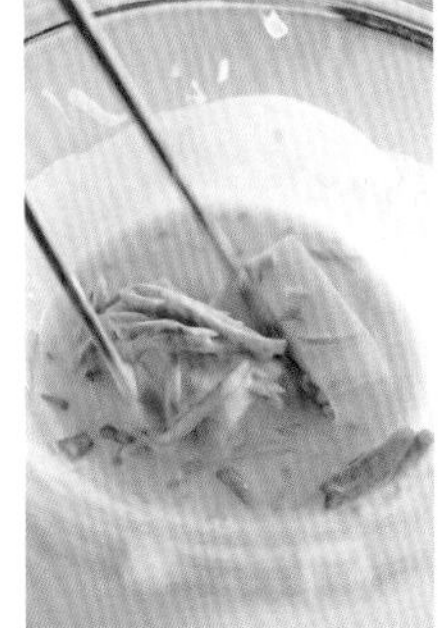

餅に天ぷら衣をつけて揚げる。これは紅しょうが入り。

干し餅で揚げおかき

餅適量は5ミリ角くらいに切り、ザルに広げて窓辺などでひび割れするくらいまで一週間ほど干す。180℃の揚げ油でこんがり色づくまで揚げ、油をきる。半量には塩をふり、半量にはしょうゆをほんの少しからめる。使う餅はのし餅がベスト。餅の種類によって揚げたあとの姿形が違ってくる。

おいしそうな色がつくまで、じっくりと揚げていく。

餅はひび割れするくらいまでしっかり干す。これがポイント。

column お雑煮が好きすぎて

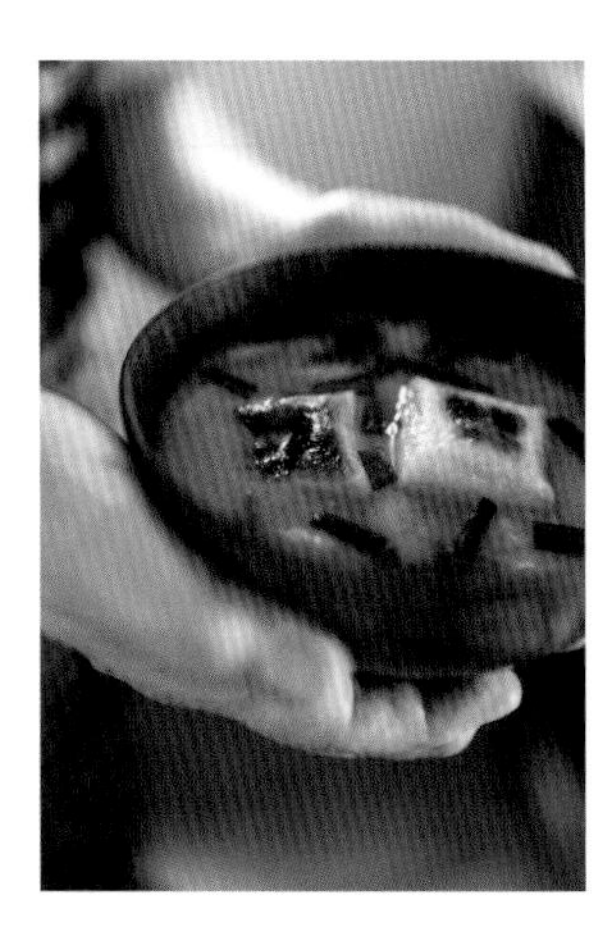

お雑煮はお正月だけでなく、一年通してよく食べます。なぜって、とにかく餅が好きで、ことに汁の中で煮込まれた餅が大好物。汁にも具にも特に決まりはなく、冷蔵庫に水出しのだし汁があれば、そのだし汁を鍋に入れ、残り野菜を切って、餅を入れてとろとろになるまで煮て、塩やしょうゆ、ナンプラーで味つけ。ときには朝食の残りみそ汁に餅を入れて昼のひとりごはん。具材の野菜がなければ、卵を溶いたり、海苔、おかかをのせるだけ。それもまたシンプルでおいしい。水出しのだし汁がなければ、鶏肉やベーコンなどのだしが出る食材と一緒に煮込めばだし汁いらず。餅がやわらかいを通りすぎてとろんとろん、汁にとろみがつくくらいまで煮込むのが好みです。あまりに頻繁に食べるから、餅を焼いてから煮たり、揚げてから煮たりとアレンジをしてみますが、それでもとろんとした餅になるまで鍋の中で煮ます。器に盛りつけて、餅を箸で持ち上げれば、餅がのびる、のびる。そののびた餅に具材をからませて食べるのが至福のときです。

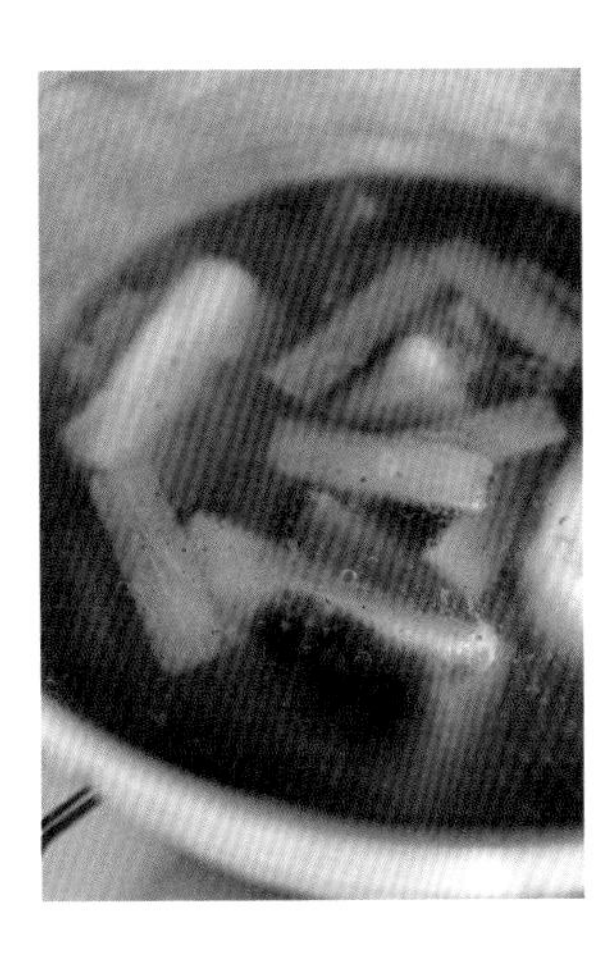

餅を煮れば、汁は多少濁ります。ときには真っ白な餅のポタージュとなることも。それもまたわたし好みなのです。家族で食べるときは焼いた餅を椀に入れて汁を注ぐこともありますし、餅の角がある程度残るくらいの煮え具合が食べたい、というリクエストがあればそうします。麺やパスタと同様にゆで具合は個々の好みがあるので、それに合わせてこしらえます。たまに家族の好みにつき合って、香ばしく焼いた餅のバリバリ、ガリガリッとした口当たりを楽しみ、ぷくっとふくらんだ焼き餅が汁を含んでとろっとなったところもまた捨てがたいおいしさ。まあ要は汁と餅があればいい。それだけなんです。

年始は、かつおだし、昆布だし、煮干しだしを筆頭に、干ししいたけのだしや鶏スープ、鯛の骨をこんがり焼いてから煮出した汁などを作っておき、毎食汁や具を替えてお雑煮三昧。ただし、これは私だけです。このときばかりは時間をかけてお雑煮を作ります。家族はさすがにつき合ってくれませんが、お雑煮をとことん味わって、年始スタートとしています。

お正月だけでは
もったいない

お雑煮いろいろ④

関東風雑煮

□**材料** 2人分
角餅…4個
鶏もも肉…50g
大根、にんじん…各30g
小松菜…½株
かまぼこ（紅、白）
…各1切れ
だし汁（かつお、昆布。78ページ参照）
…合わせて3カップ
塩…小さじ½
薄口しょうゆ…小さじ1
三つ葉のざく切り、
黄ゆずの皮のせん切り
…各適量

1 鶏肉は一口大に切り、大根とにんじんは短冊切りにする。小松菜はゆでて水気を絞り、4センチ長さに切る。かまぼこは半分に切る。

2 焼き網などを熱し、餅をふくれるくらいまでこんがりと焼く。

3 鍋にだし汁、鶏肉、大根、にんじんを入れて弱めの中火で煮、鶏肉と野菜に火が通ったら、餅を加えてさっと煮る。煮ている間に、塩、薄口しょうゆを入れて味を調える。

4 器に**3**の餅と具、小松菜とかまぼこを盛り、汁をはり、三つ葉とゆずの皮をあしらう。

◯**材料** ２人分

丸餅…4個
里いも…2個
だし汁（昆布。78ページ参照）…4カップ
白みそ…大さじ3くらい
塩、薄口しょうゆ…各少々
削り節…適量

関西風雑煮

1　里いもは上下を少し切り落として縦に皮をむき、塩適量（分量外）をまぶして手でもんで10分ほどおく。ぬめりが出たらさっと洗い、乾いた布巾や厚手のキッチンペーパーで表面をゴシゴシと拭く。

2　鍋にだし汁、里いもを入れて中火にかけ、フツフツしてきたらふたをして弱火で15分ほど煮る。

3　餅を加えてさらに煮、餅がやわらかくなり、里いもに竹串を刺してすっと軽く通るくらいになったら、白みそを溶き入れて3分ほど静かに煮る。塩と薄口しょうゆで味を調える。

4　器に盛り、削り節をあしらう。

長野のお雑煮

材料 2人分
角餅…4個
塩ぶり…1切れ
大根、にんじん、ごぼう…各20g
だし汁(昆布。78ページ参照)…3カップ
塩、薄口しょうゆ…各少々

1 塩ぶりは表面の水気をしっかりと拭き取り、半分に切る。大根、にんじん、ごぼうは皮をむいて短冊切りにする。
2 焼き網などを熱し、餅をふくれるくらいまでこんがりと焼く。
3 鍋にだし汁、**1**を入れて中火にかけ、フツフツしてきたらふたをし弱火で10分ほど煮る。餅を加えてさっと煮、塩と薄口しょうゆで味を調える。

新潟のお雑煮

1　だし汁に干し貝柱を入れて30分ほどおく。

2　干ししいたけは水½カップで戻し、食べやすい大きさに切り、戻し汁はとっておく。大根は皮をむいて短冊切りにし、ごぼうは皮をこそげて斜め薄切りにする。こんにゃくは下ゆでして1センチ厚さに切る。

3　鶏肉と鮭は一口大に切る。里いもは皮をむいて塩適量（分量外）をまぶして手でもんで10分ほどおき、さっと洗い、乾いた布巾などで表面を拭き、食べやすい大きさに切る。

4　**1**に**3**を入れて中火にかけ、フツフツしてきたらふたをして弱火で煮る。里いもがやわらかくなったら、**2**（しいたけの戻し汁以外）を加えて煮る。

5　焼き網などを熱し、餅をふくれるくらいまでこんがりと焼き、**4**に入れてさっと煮る。塩としょうゆ、しいたけの戻し汁で味を調える。

6　器に盛ってイクラをのせ、三つ葉をあしらう。

□**材料**　2人分

角餅…4個
だし汁（昆布。78ページ参照）
…4カップ
干し貝柱、干ししいたけ
…各1個
鶏もも肉…40g
甘塩鮭…1切れ
里いも…小1個
大根、ごぼう、こんにゃく
…各20g
塩、しょうゆ…各少々
イクラ…適量
三つ葉のざく切り…少々

岩手のお雑煮 クルミだれ添え

材料 2人分
角餅…4枚
干ししいたけ…2個
ちくわ…小1本
大根、にんじん…各30g
小松菜…½株
だし汁（煮干し。78ページ参照）…2カップ
塩…小さじ½
しょうゆ…適量
クルミだれ
- クルミ（むいたもの）…40g
- 湯…40mℓくらい
- 砂糖…20g
- しょうゆ、みそ…各少々

1 干ししいたけは水1カップで戻し、薄切りにする。戻し汁はとっておく。

2 クルミだれを作る。クルミはフライパンで乾炒りし、すり鉢でねっとりするまですり、湯を少しずつ加えて好みの濃度にのばす。砂糖、しょうゆ、みそで味を調える。

3 ちくわは輪切りにする。大根、にんじんは皮をむいて細切りにする。小松菜はゆでて水気を絞り、4センチ長さに切る。

4 鍋にだし汁、しいたけの戻し汁を入れて火にかけ、ちくわ、大根、にんじん、**1**の干ししいたけを入れて中火で煮る。

5 焼き網などを熱し、餅をふくれるくらいまでこんがりと焼き、**4**に加えてさっと煮る。塩としょうゆで味を調える。

6 器に盛って小松菜をのせ、クルミだれは別器に入れる。餅を雑煮で食べたり、餅だけ取り出してクルミだれにつけて食べる。

鹿児島のお雑煮

○**材料** 2人分
丸餅…4個
だし汁(昆布。78ページ参照)
…3カップ
干しえび…20g
干ししいたけ…2個
えび(有頭、殻つき)…2尾
豆もやし…60g
春菊…2株
かまぼこ(赤、白)
…各2切れ
酒…小さじ2
塩…小さじ⅓
薄口しょうゆ…小さじ1

1 鍋にだし汁、干しえびを入れて1時間ほどおく。火にかけ、フツフツしたら弱火で10分ほど煮出し、干しえびは取り除く。干ししいたけは水1カップで戻し、斜め半分に切り、戻し汁は½カップとっておく。

2 えびは背ワタを取る。豆もやしはできるだけひげ根を取り、さっとゆでて水気をきる。春菊もさっとゆで、水気を絞って食べやすい長さに切る。

3 焼き網などを熱し、餅をふくれるくらいまでこんがりと焼く。

4 **1**のだし汁に干ししいたけと戻し汁を加えて火にかけ、えびを入れて一煮し、酒、塩、薄口しょうゆで味を調える。

5 器に餅と**4**を入れ、かまぼこ、豆もやし、春菊をのせる。

材料 2人分
丸餅…4個
ほうれん草…1～2株
だし汁（かつお、昆布。78ページ参照）
…合わせて3カップ
しょうゆ…大さじ1½
塩…少々
片栗粉…大さじ1
おろししょうが…適量

あんかけ雑煮

1 ほうれん草はゆでて水気を絞り、器のサイズに合わせて切る。

2 鍋にだし汁を入れて温め、餅を入れて弱火で煮る。やわらかく煮えたら、餅を取り出して器に入れる。

3 **2**のだし汁にしょうゆ、塩を入れて味を調え、片栗粉を同量の水で溶いて回し入れ、とろみをつける。

4 餅の入った器に**3**をたっぷりとかけ、ほうれん草をのせ、おろししょうがをあしらう。

薬味だけの雑煮

□**材料**　2人分
角餅…4個
長ねぎ…10センチ
万能ねぎ…2本
みょうが…1個
青じそ…3枚
だし汁（かつお、昆布。78ページ参照）
…合わせて3カップ
塩…小さじ⅓
しょうゆ…小さじ2

1　長ねぎは5センチ長さに切り、縦に切り込みを入れて黄色い芯の部分を除き、白い部分を広げて縦にせん切りにする。万能ねぎは斜め薄切りにする。みょうがは縦半分に切ってから斜め薄切りにし、青じそは縦半分に切ってから横にせん切りにする。すべて冷水につけてパリッとさせ、水気をきる。

2　焼き網などを熱し、餅をふくれるくらいまでこんがりと焼く。

3　鍋にだし汁を入れて温め、焼いた餅を入れて煮る。塩、しょうゆで味を調える。

4　器に盛り、**1**をたっぷりとのせる。

あおさ海苔雑煮

材料 2人分

角餅…4個
あおさ海苔…適量
だし汁（煮干し。78ページ参照）…3カップ
塩…小さじ$\frac{1}{3}$
薄口しょうゆ…小さじ2

1 鍋にだし汁を入れて温め、餅を入れて煮る。とろりとやわらかくなったら、塩、薄口しょうゆで味を調える。

2 器に盛り、あおさ海苔をたっぷりのせる。

○**材料** 2人分
トック（韓国餅）…120g
だし汁（かつお、昆布。78ページ参照）…3カップ
塩…小さじ½
薄口しょうゆ…小さじ2
片栗粉…小さじ2
卵…2個

かき玉雑煮

1 鍋にだし汁を入れて温め、トックを入れて煮る。トックがなければ角餅でもいい。
2 トックがやわらかくなったら塩と薄口しょうゆで味を調え、片栗粉を倍量の水で溶いて回し入れ、軽くとろみをつける。
3 卵を割りほぐして流し入れ、静かに混ぜて卵に火を通す。

油揚げとニラのみそ汁雑煮

□**材料** 2人分
角餅…4個
ニラ…5本
油揚げ…½枚
だし汁(好みのもの。78ページ参照)…3カップ
みそ…大さじ2〜3

1 ニラは1センチ幅に切り、油揚げは1枚に開いて1センチ角に切る。
2 焼き網などを熱し、餅をふくれるくらいまでこんがりと焼く。
3 鍋にだし汁と油揚げを入れて温め、**2**の餅を加えて煮る。
4 ニラを加え、みそを溶き入れる。

すりおろしれんこんの雑煮

○**材料** 2人分
丸餅…4個
れんこん…100g
だし汁（かつお。78ページ参照）…3カップ
塩…小さじ½
薄口しょうゆ…少々

1 焼き網などを熱し、餅をふくれるくらいまでこんがりと焼く。れんこんは洗って皮ごとすりおろす。
2 鍋にだし汁を入れて温め、**1**のれんこんを入れ、とろみがつくまで煮る。
3 塩と薄口しょうゆで味を調え、**1**の餅を入れてさっと煮る。

もやしとザーサイの雑煮

■材料 2人分
玄米餅…4個
もやし…1袋
味つけザーサイ…30g
鶏スープ(78ページ参照)…3カップ
塩…小さじ½
しょうゆ…少々
白すりごま…適量

1 もやしはできるだけひげ根を取り、ザーサイは細切りにする。
2 焼き網などを熱し、餅をふくれるくらいまでこんがりと焼く。
3 鍋に鶏スープを入れて温め、もやしとザーサイを加えてさっと煮る。塩としょうゆで味を調える。
4 器に3を入れ、2の餅をのせ、ごまをふる。

高菜、たけのこ、豚肉炒めの雑煮

□**材料** 2人分
角餅…4個
豚バラ薄切り肉…80g
豚肉の下味
　塩、こしょう…各少々
　片栗粉…少々
高菜漬け…30g
水煮たけのこ…80g
ごま油…小さじ1
だし汁（昆布。78ページ参照）…3カップ
ナンプラー…小さじ2
薄口しょうゆ…小さじ1
ラー油…少々

1　豚肉は細切りにし、塩、こしょうをし、片栗粉をまぶす。高菜漬け、たけのこも細切りにする。
2　焼き網などを熱し、餅をふくれるくらいまでこんがりと焼く。
3　鍋にごま油を熱して**1**を炒め合わせ、ほぼ火が通ったら、だし汁を加えてさっと煮る。
4　**2**の餅を加えてさっと煮、ナンプラーと薄口しょうゆで味を調え、ラー油をたらす。

ベトナム風 えびと香菜の雑煮

□**材料** 2人分
角餅…4個
むきえび…6〜8尾
香菜…適量
鶏スープ(78ページ参照)
…3カップ
ナンプラー…大さじ1
塩、しょうゆ…各少々

1 えびは背ワタがあれば取り除き、片栗粉(分量外)をまぶして手でもみ、流水で洗って水気を拭く。香菜は葉はざく切り、茎は細かく刻む。

2 鍋に鶏スープを入れて温め、餅を入れて煮る。餅がやわらかくなってきたら、えびを加えて一煮し、ナンプラー、塩、しょうゆで味を調える。

3 器に盛り、香菜を入れる。

韓国風 わかめスープ雑煮

○**材料** 2人分

トック(韓国餅)
…100 ～ 120g
牛切り落とし肉…80g
わかめ(戻したもの)…30g
ごま油…小さじ2
だし汁(昆布。78ページ参照)
…3カップ
塩…小さじ1/3
しょうゆ…適量
白炒りごま…適量

1 牛肉、わかめは食べやすい大きさに切る。

2 鍋にごま油を熱して**1**を炒め合わせ、だし汁を注ぎ入れてさっと煮る。

3 トックを加えてやわらかくなるまで煮、塩としょうゆで味を調える。

4 器に盛り、白ごまをふる。

トックは火の通りが早いので、牛肉とわかめをさっと煮てから加える。

スープカレー雑煮

1 鍋にオリーブオイル大さじ3、玉ねぎ、にんじん、にんにく、しょうがを入れて中火で炒め、カレー粉を加えてなじませる。鶏スープを加えて5分ほど煮、塩小さじ⅓、しょうゆで味を調える。

2 餅は4等分に切る。鶏肉に塩2gをすり込む。パプリカは食べやすい大きさに切る。

3 フライパンにオリーブオイル小さじ2を熱し、鶏肉とパプリカを並べ入れ、こんがり焼いて取り出す。続いて餅を入れ、ふくれるくらいまでこんがりと焼く。鶏肉は食べやすい大きさに切る。

4 器に**1**のスープカレーを入れ、餅、鶏肉、パプリカを入れる。

□**材料** 2人分
角餅…4個
玉ねぎのすりおろし
…150g
にんじんのすりおろし
…40g
おろしにんにく…½片分
おろししょうが…½片分
オリーブオイル…適量
カレー粉…大さじ1
鶏スープ(78ページ参照)
…1½カップ
塩…適量
しょうゆ…大さじ1
鶏もも肉…1枚
パプリカ(赤、オレンジ)
…各1個

トマト雑煮

餅を入れて一煮したら、モッツァレラチーズを加えてすぐに火を止める。

□**材料** 2人分
角餅…4個
トマト水煮缶…1缶
鶏スープ（78ページ参照）
…1カップ
塩…小さじ½
ナンプラー…少々
モッツァレラチーズ
…1個
粗びき黒こしょう…適量
バジル…適量

1 トマト缶は汁ごとボウルにあけ、手でよくつぶす。
2 鍋に**1**と鶏スープを入れて温め、フツフツしてきたら弱めの中火にして10分ほど煮詰める。
3 焼き網などを熱し、餅を一口大に切り、ふくれるくらいまでこんがりと焼く。
4 **2**のスープを塩とナンプラーで味つけし、**3**の餅を入れて一煮し、チーズをちぎって入れて火を止める。
5 器に盛り、粗びき黒こしょうをふり、バジルをあしらう。

だし汁とスープをストック

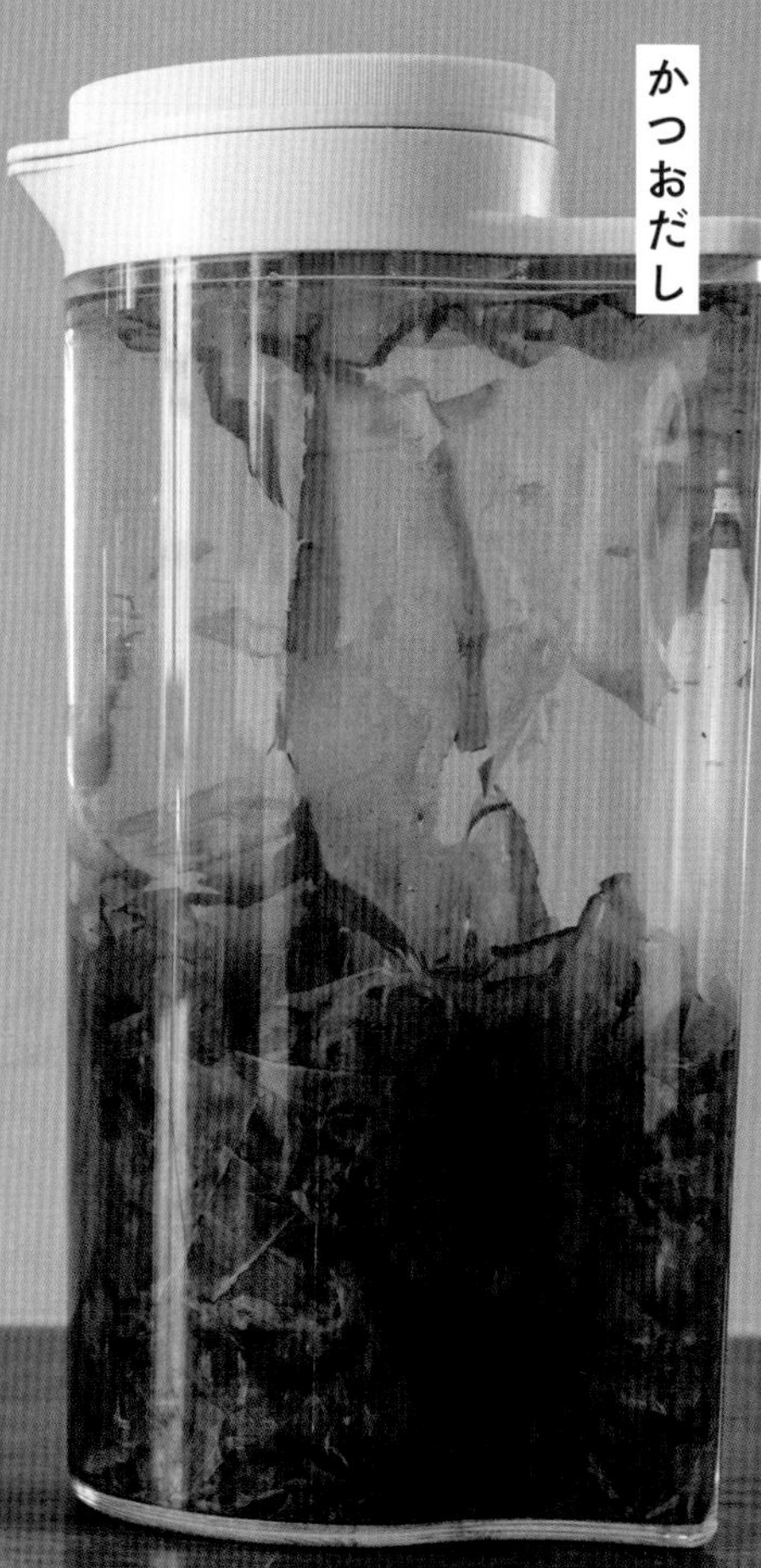

だし昆布2枚(10g)を容器に入れ、水1ℓを注ぎ入れて冷蔵庫で一晩おく。冷蔵庫で3～4日保存可。だし汁を使いきったら、容器に残った昆布を鍋に入れ、水1ℓを加えて煮出し、もう一度だしをとる。

かつお節(だし用)二つかみ(20g)を容器に入れ、水2ℓを注ぎ入れて冷蔵庫で一晩おく。冷蔵庫で3～4日保存可。だし汁を使いきったら、容器に残ったかつお節を鍋に入れ、水1ℓを加えて煮出し、もう一度だしをとる。

鶏スープ

煮干しだし

鶏手羽先6本と水2ℓを鍋に入れて火にかけ、フツフツしてきたらアクをていねいに取り、弱火で20分ほど煮出す。ペーパータオルで濾して冷まし、容器に入れる。冷蔵庫で3〜4日保存可。残った手羽先は骨をはずしてサラダやあえものに。そのまま塩、こしょうをしてごま油をかけて食べてもおいしい。

煮干し(いりこ)15〜20gを容器に入れ、水1ℓを注ぎ入れて冷蔵庫で一晩おく。冷蔵庫で3〜4日保存可。だし汁を使いきったら、容器に残った煮干しを鍋に入れ、水1ℓを加えて煮出し、もう一度だしをとる。

⑤

鍋で餅三昧

1人でも、みんなでも

みぞれ鍋

□**材料** 2人分
角餅…3～4個
生たら…2切れ
片栗粉…適量
揚げ油…適量
大根…適量
だし汁(昆布。78ページ参照)…4カップ
塩…小さじ1/3くらい
薄口しょうゆ…小さじ1
三つ葉のざく切り…適量
ポン酢しょうゆまたはしょうゆ…適量

1 餅は半分に切る。たらは水気を拭き、塩少々(分量外)をふって10分ほどおき、水気を拭いて大きめの一口大に切る。

2 揚げ油を170℃に熱し、餅を入れ、ふくれる寸前に取り出し、油をきる。続いて、たらに片栗粉を薄くまぶして揚げ油に入れ、カラリと揚げて油をきる。

3 大根は皮ごとすりおろし、軽く水気をきり、1カップほど用意する。

4 鍋にだし汁を入れて温め、揚げた餅とたらを入れて少し煮、塩と薄口しょうゆで味つけする。大根おろしを加え、三つ葉を散らす。

5 各自の器に取り分け、好みでポン酢しょうゆやしょうゆをかける。

仕上げに大根おろしを加える。混ぜずに、上にたっぷりのせる感じ。

餅は中温の油でじっくりと揚げていく。玄米餅を使っても。

大根はすりおろす。途中で足してもいいので、多めに作っておくといい。

餅巾着の豆乳鍋

□**材料** 2～3人分
餅巾着
　角餅…3個
　油揚げ…3枚
小松菜…2株
だし汁(昆布。78ページ参照)
　…2カップ
豆乳(成分無調整)…2カップ
塩…小さじ½
しょうゆ…小さじ1

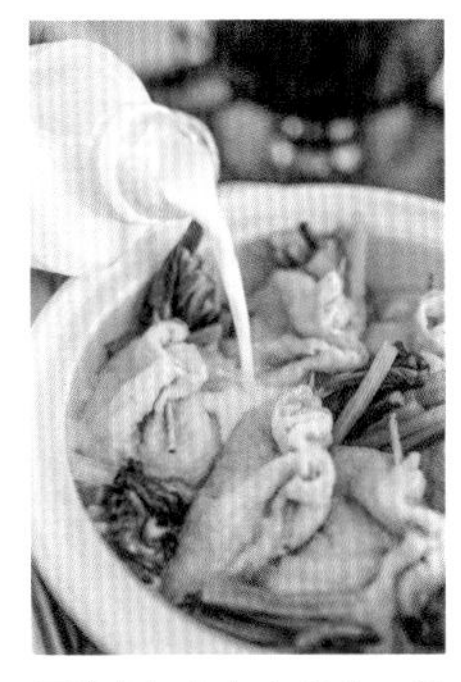

豆乳を加えたら弱火で温める。強火だと膜が張ったり分離しやすい。

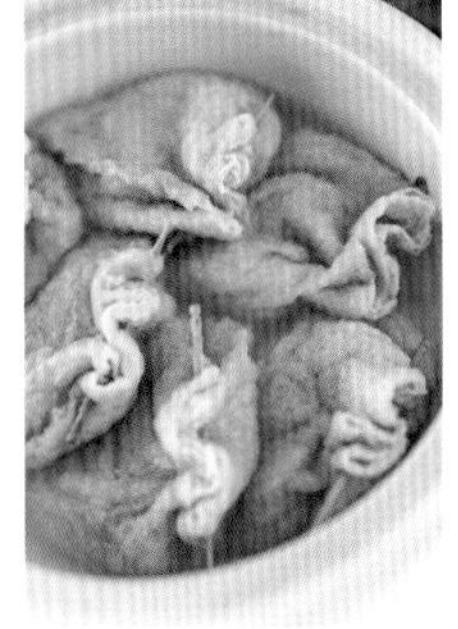

はじめはだし汁と塩だけで餅巾着を煮る。餅がやわらかくなるまで。

油揚げは餅が入るように袋状にする。いなり用の油揚げを使っても。

1 餅巾着を作る。油揚げは半分に切って口を広げ、餅を半分に切って1切れずつ入れ、油揚げの口を楊枝で留める。
2 小松菜はゆでて水気を絞り、4センチ長さに切る。
3 鍋にだし汁を入れ、**1**を並べて火にかける。フツフツしてきたら半量の塩を加え、ふたをして、餅がやわらかくなるまで煮る。
4 小松菜を加え、豆乳を加えたら弱火で温め、残りの塩としょうゆで味を調える。

きりたんぽ風

餅は焼き網などでしっかりと焼く。香ばしさもおいしさのうち。

鶏肉、ごぼう、まいたけをだし汁で煮て、素材のうまみを出す。

焼いた餅を入れて少し煮て、味をなじませる。白い角餅を使っても。

□**材料** 2人分

玄米餅…4個
鶏もも肉…1枚
ごぼう…80g
まいたけ…1パック
水菜…2株
だし汁(昆布。78ページ参照)
…4カップ
塩…小さじ½
ナンプラーまたは魚醤…小さじ2
一味唐辛子または七味唐辛子
…適量

---

1 鶏肉は一口大に切り、ごぼうは皮を洗って粗めのささがきにする。まいたけはほぐし、水菜は5センチ長さに切る。

2 焼き網などを熱し、餅をふくれるくらいまでこんがりと焼く。

3 鍋にだし汁、鶏肉、ごぼう、まいたけを入れて火にかけ、フツフツしてきたらアクを取り、弱火で10分ほど煮る。

4 具材のうまみが出て煮汁がおいしくなったら、塩とナンプラーで味を調え、**2**の餅と水菜を加えて少し煮る。

5 各自の器に取り分け、好みで一味唐辛子や七味唐辛子をふる。

鮭の粕汁

□**材料** 2人分
角餅…3個
甘塩鮭…1切れ
じゃがいも…1個
大根…80g
こんにゃく…100g
だし汁(昆布。78ページ参照)…4カップ
白みそ…大さじ3
塩、薄口しょうゆ…各少々
酒粕…大さじ3
万能ねぎの小口切り…適量

---

1 鮭は水気を拭き取り、一口大に切る。じゃがいも、大根は皮をむき、じゃがいもは大きめの一口大に切り、大根は一口大の乱切りにする。こんにゃくは一口大にちぎり、下ゆでして水気をきる。

2 鍋にだし汁、大根、じゃがいもを入れて火にかけ、フツフツしてきたらふたをし、弱めの中火で煮る。

3 酒粕は**2**の煮汁少々で溶く。

4 焼き網などを熱し、餅を一口大に切り、ふくれるくらいまでこんがりと焼く。

5 **2**の野菜がやわらかくなったら、鮭とこんにゃくを加えて少し煮、白みそ、塩、薄口しょうゆで味をつけ、**3**の酒粕を加えて混ぜる。**4**の餅を加えて一煮する。

6 各自の器に取り分け、好みで万能ねぎをのせる。

まずはじゃがいもと大根をだし汁で煮る。やわらかくなってから味つけする。

酒粕は煮汁で溶いてから加える。溶いてから入れると味にムラができない。

最後にこんがりと焼いた餅を入れて完成。餅は酒粕ともよく合う。

すき焼き

うまみがギュッと詰まった煮汁を焼き餅にからめ、すき焼きの〆に。

半分に切った焼き餅を入れ、味をなじませながら少し煮る。

牛肉を広げて入れ、砂糖を全体にふってしょうゆを回し入れ、味のベースを作る。

□**材料** 2〜3人分

角餅…5個
牛薄切り肉(すき焼き用)…300g
焼き豆腐…1丁
結びこんにゃく…200g
長ねぎ…1本　斜め切り
牛脂または太白ごま油…適量
砂糖…大さじ3
しょうゆ…大さじ3
だし汁(昆布。78ページ参照)…適量

1 牛肉は常温に出しておく。焼き豆腐はペーパータオルにのせて水気をきり、4等分に切る。結びこんにゃくはゆで、水気をきる。長ねぎは斜め切りにする。

2 焼き網などを熱し、餅を半分に切り、ふくれるくらいまでこんがりと焼く。

3 すき焼き鍋に牛脂を入れて火にかけ、牛脂が溶けてきたら、鍋に牛肉適量を広げて入れ、半量の砂糖をふり、半量のしょうゆを回しかけ、牛肉を返す。

4 牛肉を鍋の端に寄せ、焼き豆腐、結びこんにゃく、長ねぎを入れ、さらに残りの牛肉を加えて煮る。野菜やこんにゃくから水分が出て煮汁が薄くなったら残りの調味料を入れ、水気が出なくて煮詰まってきたらだし汁を加えて調整する。

5 **2**の餅を適量残して加え、少し煮て味を含ませる。

6 すべての具を食べ終わったら、煮汁の残った鍋に残しておいた餅を加え、味をからめる。

キムチチゲ

□**材料** 2人分

角餅…2個
白菜キムチ…120g
豚バラ薄切り肉…80g
玉ねぎ…¼個
ニラ…½束
ごま油…大さじ½
だし汁(昆布。78ページ参照)…4カップ
みそ…大さじ1〜2
しょうゆ…適量
卵…2個

1　餅は半分に切る。白菜キムチと豚肉は一口大に切り、玉ねぎはくし形に切る。ニラは4センチ長さに切る。

2　鍋にごま油、白菜キムチ、豚肉を入れて火にかけ、炒め合わせる。

3　全体に火が通ってきたら、玉ねぎとだし汁を加えて煮立て、みそ、しょうゆで味を調える。

4　**1**の餅を入れ、玉ねぎと餅が少しやわらかくなるまで煮る。

5　卵を割り入れて好みのかたさに火を通し、仕上げにニラを加えて一煮する。

まずは白菜キムチと豚肉をごま油で炒め、うまみと甘みを出す。

餅を加えて煮る。好みで、丸餅を使ったり、焼いた餅を入れてもいい。

卵を割り入れて火を通す。チゲに卵を入れると、辛さにコクが加わる。

トッポギ

◯**材料** 2〜3人分
トッポギ(韓国餅)…150g
牛切り落とし肉…100g
玉ねぎ…½個
ミニトマト…6個くらい
万能ねぎ…適量
コチュジャン…大さじ1½
しょうゆ…大さじ1½
砂糖…大さじ2
酒…大さじ2

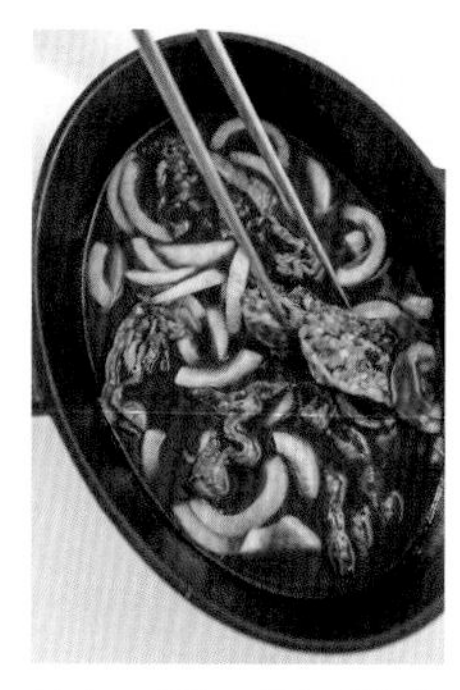

甘辛の煮汁に玉ねぎと牛肉を入れ、牛肉をほぐしながら煮はじめる。

トッポギを加えてさらに煮る。煮汁の味は好みで加減していい。

仕上げにミニトマトを加えてフレッシュ感をプラスする。

1　玉ねぎは1センチ幅くらいに切り、ミニトマトはヘタを取って縦半分に切る。万能ねぎは2センチ長さに切る。
2　鍋に水1カップを入れ、コチュジャン、しょうゆ、砂糖、酒を合わせて加え、混ぜる。玉ねぎをほぐして入れ、牛肉を加えて火にかけ、牛肉をほぐしながら煮る。
3　牛肉に火が通ったら、トッポギを加えて10分ほど煮る。
4　仕上げにミニトマトと万能ねぎを入れ、一煮立ちさせる。

これだけで大満足

炭水化物ONの人気者

⑥

餅入り粥

□**材料** 2人分
角餅…2個
米…½合
だし汁(昆布。78ページ参照)
…4～5カップ
クレソン…適量
塩…小さじ⅓

1 米は洗って鍋に入れ、だし汁4カップを加えて20分ほど浸水させる。

2 **1**を中火にかけ、フツフツしてきたら、吹きこぼれないようにふたをずらすなどしながら弱火で30分ほど炊く。

3 餅を4等分に切り、**2**に入れ、さらに5分ほど炊く。

4 クレソンは食べやすい長さに切る。

5 餅がやわらかくなったらクレソンを加え、塩で味を調えて一煮する。

力ラーメン

□**材料** 2人分
角餅…2個
インスタントラーメン(塩味)…2袋
なると巻き…5センチくらい
長ねぎ…適量
白すりごま…適量

1 なると巻きは薄切りにし、長ねぎは小口切りにする。
2 ラーメンは表示通りにゆで、餅も一緒に入れて煮る。煮上がる寸前になると巻きを加え、添付の粉末スープを加えて混ぜる。
3 器に盛り、長ねぎをのせ、白すりごまをふる。

□**材料** 2人分
角餅…2個
うどん(冷凍)…2玉
豚バラ薄切り肉…120g
玉ねぎ…½個
米油…小さじ1
塩…小さじ¼
カレー粉…大さじ1
だし汁(かつお。78ページ参照)
…2½カップ
しょうゆ…大さじ2〜3
みりん…大さじ1
片栗粉…大さじ1
万能ねぎの小口切り
…適量

怪力うどん

1 豚肉は一口大に切り、玉ねぎは薄切りにする。
2 鍋に米油、豚肉、玉ねぎを入れてから火にかけ、炒め合わせ、塩をふる。カレー粉を加えてさらに炒めて味をなじませ、だし汁を加えて煮る。
3 玉ねぎがしんなりしたら、しょうゆ、みりんで味を調え、片栗粉を同量の水で溶いて回し入れ、とろみをつける。
4 焼き網などを熱し、餅をふくれるくらいまでこんがりと焼く。うどんは熱湯でゆでて温め、ザルに上げてゆで汁をきる。
5 器にうどんを盛り、餅をのせ、**3**のカレーをかけて万能ねぎをのせる。

鍋焼きうどん

□**材料** 2人分
角餅…2個
うどん(冷凍)…2玉
鶏もも肉…60g
えのきだけ…50g
しいたけ…2枚
油揚げ…1枚
なると巻き…適量
長ねぎ…20センチ
だし汁(好みのもの。78ページ参照)…4カップ
しょうゆ…大さじ3
みりん…大さじ1
塩…少々
卵…2個
七味唐辛子…適量

1 鶏肉は一口大に切り、えのきだけは石づきを取ってほぐし、しいたけは石づきを取って半分に切る。油揚げは食べやすい大きさに切る。なると巻き、長ねぎは斜め薄切りにする。

2 焼き網などを熱し、餅を2〜3等分に切ってふくれるくらいまでこんがりと焼く。

3 1人分ずつの小鍋に冷凍したままのうどんを1玉ずつ入れ、**1**を等分にして加える。だし汁を張ってふたをし、中火にかける。フツフツしてきたら弱めの中火にし、しょうゆ、みりん、塩で味を調える。

4 卵を割り入れ、餅を入れてふたをし、卵に火が通るまでさらに煮る。好みで七味唐辛子をふる。

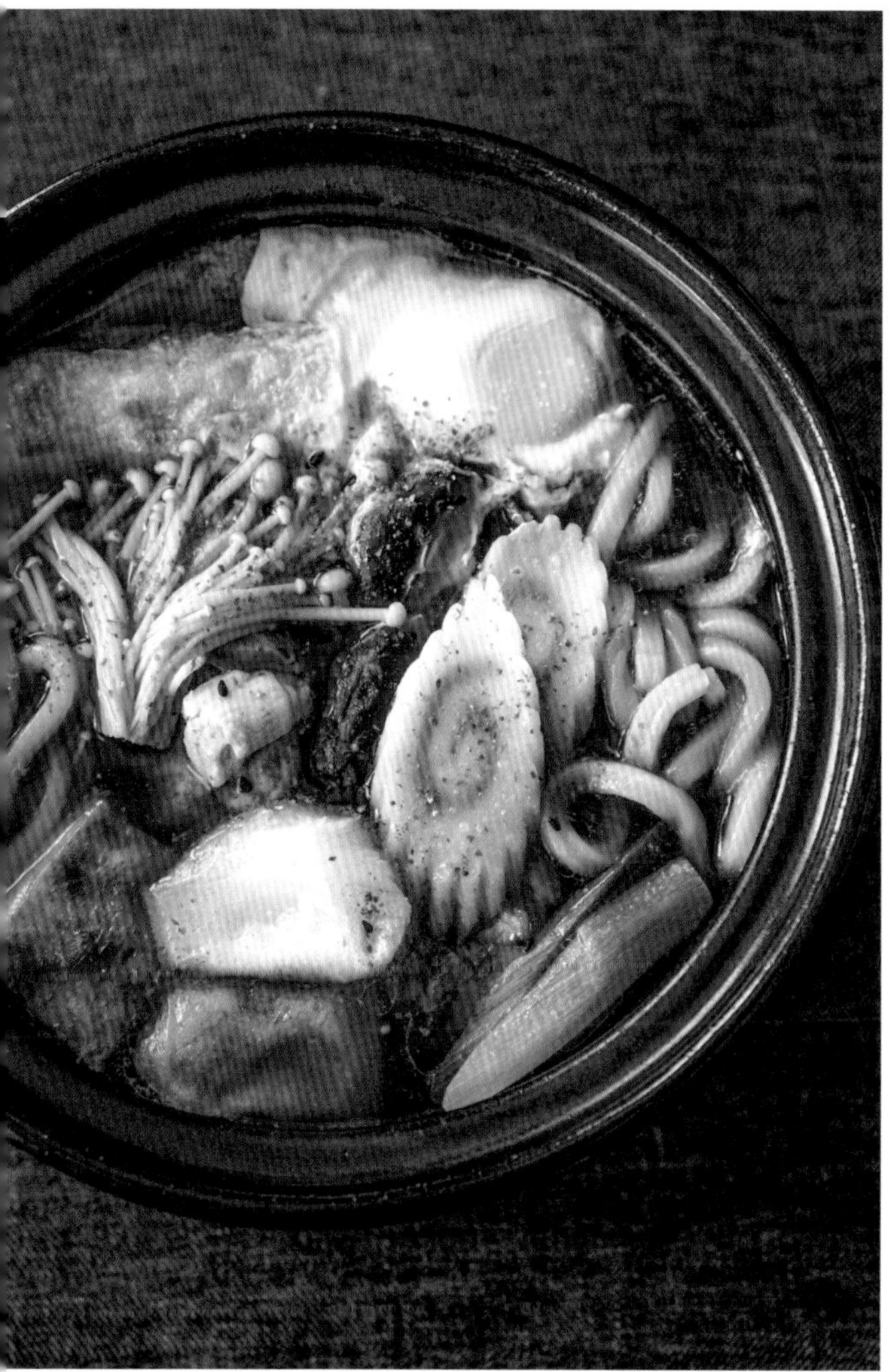

餅入り冷やしたぬきそば

□**材料** 2人分
角餅…2個
そば(乾麺)…180g
きゅうり…1本
揚げ玉
　小麦粉…¼カップ
　冷水…大さじ3くらい
　塩…一つまみ
　揚げ油…適量
めんつゆ…適量

1 きゅうりは斜め薄切りにしてからせん切りにする。
2 揚げ玉を作る。小麦粉に冷水を少しずつ加えて天ぷら衣を作り、塩を加えて混ぜる。揚げ油を180℃に熱し、天ぷら衣を箸などを使って少しずつ落として揚げ玉を作る。ペーパータオルの上にのせて油をきる。
3 **2**の揚げ油に餅を半分に切って入れ、ふくれる寸前まで揚げ、油をよくきる。
4 そばはたっぷりの湯でゆで、冷水でよく洗ってしめ、水気をしっかりときる。
5 器にそばを盛り、きゅうり、揚げ玉、揚げ餅をのせ、めんつゆをかける。

餅入りお好み焼き

□**材料** 2人分

角餅…2個
豚薄切り肉…40g
キャベツ…大3枚
長いも…50g
小麦粉…60g
だし汁（昆布。78ページ参照）…½カップ
卵…1個
塩…二つまみ
米油…適量
好みのソース、マヨネーズ、削り節、青海苔…各適量

1　餅は小さめの一口大に切る。豚肉は細切りにし、キャベツはせん切りにする。長いもは洗って皮ごとすりおろす。

2　**1**をボウルに入れ、小麦粉、だし汁、卵、塩を加え、さっくりと混ぜ合わせる。

3　ホットプレートを熱して米油をなじませ、**2**の生地を適量ずつのせてざっと形を整える。両面焼き、生地にも餅にもしっかりと火を通す。

4　好みのソースをぬり、マヨネーズを絞り出す。削り節、青海苔をふる。

お好み焼きの生地に餅を入れる。食べやすいように小さめに切る。

油をなじませたホットプレートで、餅がやわらかくなるまで焼く。

粒あんを作る

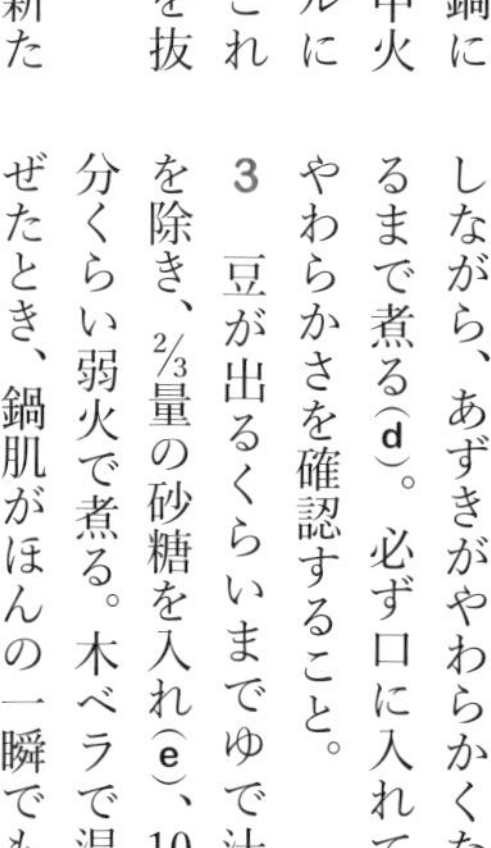

材料 作りやすい分量

あずき（乾燥）…150g
砂糖…80 ～ 100g
塩…一つまみ

1 あずきは流水で洗って鍋に入れ、たっぷりの水を加えて中火にかける(**a**)。沸騰したらザルに上げてゆで汁を捨てる(**b**)。これを2～3回繰り返してアクを抜く。

2 **1**のあずきを鍋に入れ、新たに水6カップを加えて中火にかけ、沸騰してきたら弱火にして40～50分煮る(**c**)。途中、あずきが煮汁から出るようなら差し水をしながら、あずきがやわらかくなるまで煮る(**d**)。必ず口に入れてやわらかさを確認すること。

3 豆が出るくらいまでゆで汁を除き、⅔量の砂糖を入れ(**e**)、10分くらい弱火で煮る。木ベラで混ぜたとき、鍋肌がほんの一瞬でも見えるくらいまで煮詰め(**f**)、味をみて砂糖を足し、塩を加えて混ぜ、火を止める(**g**)。砂糖や塩の分量は好みで調整を。

保存は……
冷めるとさらに煮汁がなくなるので、使わない分はラップに包んで冷凍する。

⑦

甘いものが止まらない

お汁粉

我が家のお汁粉

材料 2人分
角餅…2個
粒あん（104ページ参照）…150gくらい

1 鍋に粒あんを入れ、水を少しずつ加えて好みの濃度にし、弱火で温める。

2 餅を4等分に切り、熱湯で5分ほどゆでる。やわらかくなったら引き上げ、**1**に加えて一煮する。

ぜんざい

□**材料** 2人分
角餅…2個
粒あん（104ページ参照）…150gくらい
しその実の塩漬けやしょうゆ漬け、
　塩昆布など…適量

1　鍋に粒あんを入れて温める。汁気がない場合はほんの少し水を足す。
2　焼き網などを熱し、餅を半分に切り、ふくれるくらいまでこんがりと焼く。
3　器に**1**を盛り、**2**をのせる。好みで、しその実の塩漬けやしょうゆ漬け、塩昆布などを添える。

栗のお汁粉

□**材料** 2人分
角餅…2個
栗（ゆでたもの）…正味100g
粒あん（104ページ参照）…100gくらい

1 ゆで栗はすり鉢で粗くつぶす。
2 鍋に粒あんと**1**を入れ、水を少しずつ加えて好みの濃度にし、弱火で温める。
3 焼き網などを熱し、餅を半分に切り、ふくれるくらいまでこんがりと焼く。
4 器に**2**と焼き餅を盛る。

クルミ汁粉

□**材料** 2人分
角餅…2個
クルミ…60g
牛乳…½カップくらい
砂糖…大さじ½

1 クルミはフライパンで軽く炒り、すり鉢に入れ、ねっとりするくらいまでする。すり鉢がなければフードプロセッサーを使っても。

2 鍋に**1**と牛乳を入れて弱火で温め、砂糖を加えて溶かす。牛乳＋ココナッツミルク、牛乳＋生クリームにしてもいい。

3 餅を4等分に切り、熱湯で5分ほどゆでる。やわらかくなったら引き上げ、**2**に加えて一煮する。

飛田和緒　HIDA KAZUO

東京生まれの東京育ち。高校時代の数年間を長野で過ごす。現在は神奈川県の海辺に夫、娘とともに暮らし、その土地の素材と素直に向き合いながら、日々の食卓で楽しめる家庭料理を作っている。家にあるものを組み合わせてちゃんとおいしい、無理のないレシピ、奇をてらわないレシピが人気。『缶詰・瓶詰・常備品 食品棚にある買い置きで 飛田和緒のシンプルごはん便利帳』『ひだパン』『ひだゴハン』(すべて東京書籍)など著書多数。

□ ブックデザイン　茂木隆行
○ 撮影　竹内章雄
□ スタイリング　久保原惠理
○ 編集　松原京子
□ プリンティングディレクター　栗原哲朗(図書印刷)

お餅(もち)の便利帖(べんりちょう)

2023年12月22日　第1刷発行

著　者　飛田和緒(ひだかずを)
発行者　渡辺能理夫
発行所　東京書籍株式会社
〒114-8524　東京都北区堀船2-17-1
電話　03-5390-7531(営業)　03-5390-7508(編集)

印刷・製本　図書印刷株式会社

Printed in Japan
ISBN978-4-487-81723-8 C2077 NDC596